Le jour où j'ai organisé mon Mariage

Ophélie Gagneux

Le jour où j'ai organisé mon Mariage

Journal intime d'une mariée sans filtre

Roman

En application de l'art. L.137-2.-I. du code de la propriété intellectuelle, toute reproduction et/ou divulgation de parties de l'œuvre dépassant le volume prévu par la loi est expressément interdite.

© Ophélie Gagneux, 2025

Ecriture et conception graphique :
Ophélie Gagneux @mariagemodedemploi
Photo de mariage 4ᵉ de couverture et indiquées :
Anne-Claire Sorne @anneclairesornephotographe

Édition : BoD · Books on Demand, 31 avenue Saint-Rémy, 57600 Forbach, bod@bod.fr
Impression : Libri Plureos GmbH, Friedensallee 273, 22763 Hamburg (Allemagne)

ISBN : 978-2-3225-5979-4
Dépôt légal : Février 2025

Préface

À vous, lecteurs intrigués passionnés ou futurs mariés,

À ceux et celles qui rêvent, doutent, planifient ce fameux « jour j » unique, cette expérience marquante et magique. L'écriture de ce livre a sonné comme une évidence mais c'est aussi l'occasion pour moi de me replonger dans ces beaux souvenirs : mes préparatifs de mariage : joyeux, complexes et particulièrement intenses. Qui de mieux qu'une jeune mariée qui sait ce que vous traversez : ce mélange de joie, de stress et d'euphorie, de peur, de galères, d'imprévus et des jolies surprises fortes en émotions, pour vous partager mon histoire et mes leçons de vie autour du Mariage cet évènement magique, bouleversant mais si important.

Puissiez-vous y trouver une amie, une confidente, ou juste un sourire au détour de ces pages. Pour un mariage à votre image. Magnifiquement imparfait, rempli d'amour, et gravé à jamais dans vos cœurs.

Avec toute ma sincérité et ma douce affection,

Ophélie

PRÉSENTATIONS | INTRODUCTION

Au moment où j'écris ce livre, j'ai 28 ans, pas encore d'enfant. Je suis l'heureuse épouse de Maxime. Nous nous sommes mariés le 1er avril 2023, sous le soleil et la pluie. Enseignante formatrice dans la vie, et graphiste aussi, j'ai créé une collection de guides pratiques pour aider les futurs mariés à organiser leur mariage facilement où j'ai à cœur de partager mes précieux conseils et des astuces pour des choix raisonnés de prestataires et un mariage accessible pour tous.

Réaliser que j'allais enfin me marier avec l'homme de ma vie ne pouvait pas me rendre plus heureuse et fière ! En revanche, j'ai vécu la préparation de mon mariage comme un vrai parcours du combattant avec différents défis à relever pour atteindre l'objectif du « Oui ».

Plongée au cœur de mes préparatifs en été 2022, j'ai découvert que l'univers du mariage cachait bien des secrets. Dans ce livre, je donne une autre vision du mariage avec des aspects plus réalistes et plus authentiques; je révèle l'envers du décor; celui dont personne n'ose parler, celui qui n'est jamais montré sur Instagram, Pinterest ou à la télé. Des anecdotes et conseils que j'aurais bien aimé connaître avant de me lancer corps et âme dans l'organisation de mon mariage, cet évènement magique tant attendu !

Huit mois avant de dire oui; au fil des coups de fil et prises de rendez-vous avec les différents prestataires, j'ai compris que mon mariage ne serait jamais tel que je l'avais idéalisé.

Au delà d'incarner un réel désir d'amour et d'union, j'imaginais le mariage comme un parcours plus ou mois facile avec des étapes à franchir en parfaite collaboration avec mon fiancé et nos proches.

En vérité, ce n'était pas tout à fait ça... Ainsi, dans ce livre, je vous dévoile en toute transparence mon témoignage pour libérer la parole et affirmer que le jour J du mariage n'est pas une fin en soi. Il est surtout question de confiance; de transparence et de résilience mais aussi une histoire de prestataires sélectionnés sur critères. Les professionnels qui façonnent l'ambiance du mariage et participent à rendre ce jour mémorable - à leur façon.

Enfin, je partage mes conseils et leçons de mariée pour tirer le meilleur parti de ces souvenirs pour vous guider et vous aider à relativiser ! Puisse mon histoire et cette expérience vous intriguer ou vous inspirer…

NOTRE RENCONTRE | LE
DISCOURS D'OUVERTURE DE
CÉRÉMONIE CIVILE

Le hasard fait bien les choses. Ils se sont rencontrés le mardi 27 novembre 2018 grâce au Cupidon des temps modernes : Tinder !

Leurs chemins se sont croisés pour ne faire qu'un. C'est Maxime qui a fait le premier pas avec un joli compliment sur les yeux bleu d'Ophélie par message; puis il l'a gentiment invitée au restaurant pour dîner un mardi soir de novembre. Elle est tombée sous le charme de cet homme sincère et généreux aux yeux bruns ; au détour d'une agréable soirée, même si le lieu n'était pas digne d'un compte de fée entre bars fermés, nuit noire, travaux et deux cafés partagés au MacDo.

Ils ont beaucoup de points communs. Ophélie et Maxime partagent l'amour de la nature, la musique pop électro, les valeurs familiales, l'humour, les bons petits plats et les fondants au chocolat. Après la découverte du petit nid de Maxime, un appartement parfaitement rangé et bien décoré, Ophélie est venue plusieurs fois lui rendre visite quitte à parcourir 147 km entre Annecy et Bourg-en-Bresse plusieurs fois par semaine. Après quelques soirées raclette, sorties ski et boîtes de nuit, Maxime lui propose de s'installer chez lui.

Et depuis, ils ne se sont plus jamais quittés. Plus unis que jamais et mariés dès le 1er avril 2023 pour le reste de leur vie.

LES ÉTAPES CLÉS | D'UN PLANNING SERRÉ

Août 2022 : Maxime me dit « oui ».

Septembre : On valide le lieu de réception et on va chez le notaire pour signer notre contrat de mariage.

Octobre : On achète nos alliances et on annonce notre union à nos proches avec des biscuits gravés à la date du mariage.

Novembre : Je trouve ma robe de mariée, j'envoie les faireparts et on dépose nos dossiers de mariage à la mairie et à l'église.

Décembre : On part en croisière pour les fêtes.

Janvier 2023 : On enchaîne les rendez-vous avec le prêtre, les essayages de costume et les retouches de la robe de mariée.

Février : On continue les rendez-vous avec le prêtre, on valide et on achète tous les éléments de décoration, je fais mes essais coiffure et maquillage, on commande notre pièce montée et on goûte notre futur repas de mariage autour d'un bon dîner de dégustation.

Mars : C'est le moment des enterrements de vie de jeune fille et de garçon, on s'entraîne aussi pour notre première danse d'ouverture de bal, Max supervise les retouches de son costume. On participe à des réunions de couples spécial préparation au mariage à l'église et on continue les rendez-vous avec le prêtre pour choisir les textes de cérémonie, et concevoir les livrets de messe puis on choisit les musiques de la soirée avec le DJ.

1er avril 2023 : Jour J !

CHAPITRE 1 | LANCEMENT DES PRÉPARATIFS

J'ai toujours cru que Maxime ferait sa demande en mariage, non pas comme un prince charmant le genou à terre au restaurant mais plutôt chez nous à la Saint Valentin ou pour mon anniversaire (c'est un peu cliché, mais toutes les filles rêvent de vivre un jour ce moment, non ?)

Après quelques voyages, quatre années de vie commune, des week-ends en amoureux, et l'achat de notre appartement, la demande se faisait attendre… Mais elle n'est pas arrivée comme je l'imaginais. Au départ, le mariage ne faisait pas parti des projets de Maxime. Il pensait se marier avec des enfants, *contrairement à moi*. Quelques conversations plus tard et de longs moments d'échanges sur nos projets existentiels; il a finalement accepté de devenir mon époux pour mon plus grand bonheur. Nous pensions nous marier en été 2023 ou l'année suivante; le temps nécessaire pour réaliser ce qu'il allait se passer, mûrir ce projet, et planifier ce jour J tant attendu. J'ai pris les devants en commençant par me renseigner sur les lieux de réception dans la région. Annecy ou La Tour-du-Pin ? Mon cœur disait Annecy … Dommage pour nous, les prix sont trop élevés, et tous les prestataires du secteur se sont donnés le mot; ou du moins le chiffre : 10 000€ pour une privatisation du lieu; sans compter les repas, boissons, logements, etc. Difficile de se projeter puisque la réservation du lieu de réception détermine la date du mariage. J'imaginais une petite salle de restaurant intimiste où seuls les repas facturés permettaient de bénéficier d'une privatisation de lieu.

J'étais loin d'envisager qu'il fallait payer un supplément "privatisation".

Finalement, notre choix s'est porté sur notre première idée de lieu avec des prix qui nous semblaient raisonnables d'un premier abord. Nous avions reçu une brochure par mail avec des tarifs ajustés en fonction des saisons. Il s'agit d'un domaine en pleine campagne, situé à quelques kilomètres de notre domicile; un charmant complexe hôtelier qui regroupe un restaurant, des hébergements et un grand chapiteau de réception. On connaissait cet endroit magnifique car nous avions déjà séjourné le temps d'un week-end détente et nous avions adoré le cadre champêtre.

On décide alors de prendre rendez-vous pour obtenir plus de renseignements sur l'organisation des mariages dans ce domaine et les modalités. On nous invite à prendre rendez-vous rapidement, car il reste très peu de dates disponibles pour 2023, notamment au mois de mai. On se dit que c'est jouable; en plus d'être une saison très agréable! Nous sommes reçus un samedi matin par le propriétaire; un homme plutôt sympa avec un certain charisme provocateur :

"Je vous mets quoi ? La fontaine à champagne ? Le château gonflable ? Les feux d'artifice ? »

On se regarde avec Maxime, sans savoir réellement quoi répondre. Le rendez-vous dure 10 minutes top chrono sans réelles explications sur les détails des différentes prestations ainsi que les prix. Nous avons été bousculés devant le fait accompli. Si on voulait se marier, il fallait vite se décider! C'est pire que l'achat d'une maison en période de Covid. Stressés à l'idée que ce lieu nous passe sous le nez, on se laisse porter par son argumentaire commercial bien rôdé :

« Vous n'êtes pas les seuls à vouloir vous marier, il faut vite vous décider car tous les week-ends sont pris. Je suis complet tout l'été et pour le mois de mai, c'est cuit. Il me reste deux dates: le 1er avril ou le 25 novembre? Vous prenez quoi? »

A cet instant, nous nous sommes échangés un regard rapide et le choix était celui du printemps; sans prendre le temps de comprendre les tenants et aboutissants de cette collaboration. C'est signé! Trop tard pour reculer … Donc on signe d'abord et on discutera des détails après? *Ce n'est pas censé être l'inverse normalement?* On sort le chéquier: 4000€ d'acompte pour la réservation et un autre chèque de caution de 2000€. Sur le moment, nous étions contents et soulagés d'avoir enfin trouvé notre lieu de réception; mais perturbés par l'idée de s'être engagés avec lui si rapidement. Quelques jours plus tard, dubitatifs, on ressort la brochure reçue par mail quelques mois auparavant. Un montant sur le devis nous interpelle. Il nous semblait avoir vu: 2300€ sur la plaquette pour le prix de la location de la salle de restaurant pour la mi-saison. Nous ne sommes pas fous, avril c'est bien en période de mi-saison pour les mariages?! Surtout le 1er avril.

Sur le devis signé apparaissait fièrement mais discrètement: 4200€ soit le double du prix annoncé. Un prix qui ne correspondait à aucune prestation sur la brochure. On demande un second rendez-vous pour clarifier cette différence de prix qui nous semblait complètement démesurée et injustifiée. Cette fois-ci, le gérant ne recevait plus le samedi, il a décidé entre-temps de limiter les rendez-vous le week-end car Monsieur se repose. *Comme c'est étrange.* Rendez-vous posé un vendredi à 13h00. Contraints de poser un jour de congé pour le rencontrer. Il nous reçoit avec 45 minutes de retard. La faim, le stress et l'énervement commencent à se faire ressentir.

Le gérant: "Qu'est-ce qui vous amène? Quelque chose ne va pas?"

Maxime: "On aimerait avoir des informations supplémentaires sur une différence de tarif entre la brochure et votre devis. Le prix de la salle est un peu élevé par rapport au prix annoncé sur la brochure. On ne comprend pas. Il y a 2000 balles de différence. Vous pouvez nous dire pourquoi? A quoi ça correspond?"

Le gérant: "Ecoutez, si vous n'êtes pas contents, allez vous marier ailleurs. Je n'ai pas besoin de vous pour remplir mon agenda. Un mariage de plus ou de moins; ça ne change rien pour moi."

Maxime: « Pourquoi vous réagissez comme ça? Ce n'est pas une histoire d'être content ou non, nous voulons juste des explications et savoir ce que nous allons réellement payer. Justifiez nous cette différence de prix, car c'est une somme conséquente! Vous comprenez?"

Le gérant: "*La brochure est un peu datée, il ne faut pas se fier à elle. Chez moi, il n'y a pas de saison. Les prix c'est pour tout le monde pareil. C'est aussi en fonction du nombre d'invités, des options, etc.*"

Maxime: "*Alors justement, je l'ai prise avec moi la brochure. Elle me semble récente.*"

Le gérant: "*Elle est en cours de modification.*"

Maxime: "*Enfin bref, modification en cours ou pas, ce n'est pas notre problème. J'estime que quand on envoie une brochure avec des prix annoncés, ils sont censés être identiques sur les devis. C'est la loi. Sinon, c'est de la publicité mensongère. Vous appâtez vos clients, et une fois les devis signés rapidement, vous les coincez. Mettez vous à notre place...*"

Le gérant: "*C'est comme ça, dans le business du mariage, les prix varient et sont propres à chacun. Encore une fois, vous pouvez vous marier ailleurs.*"

Maxime : "*Je ne veux pas me marier ailleurs, on aime ce lieu et le cadre. Et quand l'acompte est déjà versé, c'est difficile de partir. Et puis de toute façon vous n'allez pas nous rembourser. Je me trompe ?*"

Le gérant: "*Bon écoutez, on va s'arranger, je vous offre une séance de jet hydro massant. Et on vous fera un prix sur les hébergements pour vos invités.* »

LEÇON N°1

Ne signez aucun devis au premier rendez-vous, c'est une technique commerciale dite "one shot" très connue des professionnels pour ne pas perdre des clients potentiels. Renseignez vous au préalable sur trois prestataires minimum pour comparer les services, les plages horaires de mise à disposition du lieu, la privatisation complète ou partielle, les modalités de paiement, et le fonctionnement global de tous les services proposés. Prenez votre temps, ne vous précipitez pas ni pour prendre rendez-vous ni pour réserver une date.

Prévoyez un rendez-vous « découverte » pour chaque lieu, ou prestataire sélectionné pour qu'il réponde précisément à toutes vos questions. Signez un devis bien détaillé et un contrat au deuxième rendez-vous; une fois que vous avez trouvé le prestataire et les prix qui correspondent le plus à vos attentes et à vos besoins. N'oubliez pas que le relationnel est très important, car si votre ressenti est négatif ou mitigé, vous allez devoir "faire avec" tout le long des préparatifs. Choisissez un prestataire à l'écoute, bienveillant et surtout flexible.

CHAPITRE 2 | UNE ROBE DE MARIÉE INSOUPÇONNÉE

Au départ, il était inconcevable pour moi d'acheter une robe de mariée neuve. Je trouvais les prix trop élevés pour ne la porter qu'une journée. J'étais frustrée à l'idée de porter cette robe qu'une seule fois dans ma vie. Je préférais louer ma robe ou l'acheter d'occasion pour optimiser mon budget, ne pas être encombrée dans mes placards une fois le mariage passé et pour contribuer au bien être de la planète par la même occasion !

« Vinted addict », je ne suis pas du genre matérialiste et je suis contre la société de consommation; surtout quand il s'agit de vêtements. Ma grand-mère voulait absolument m'offrir ma robe de mariée.

Elle était tellement heureuse de marier sa première petite fille. Très attachée aux valeurs symboliques du mariage, ce cadeau lui tenait beaucoup à cœur. J'ai d'abord commencé par me créer des tableaux d'inspiration sur *Pinterest* pour que je puisse visualiser les styles de robes que je voulais. Je pensais qu'il serait plus facile de montrer mes inspirations aux vendeuses et que nous gagnerons du temps. J'imaginais une robe avec des manches en dentelle pour me couvrir les bras (surtout pour un mariage d'avril avec le temps incertain); légèrement décolletée, avec un jupon rose clair poudré, du tulle blanc crème et une longue traîne pour l'effet princesse. J'ai ainsi sélectionné trois boutiques que je connaissais par réputation dans ma ville favorite. J'ai pris rendez-vous sur leurs sites internet respectifs au mois de novembre. J'étais un peu en retard sur ce point. J'avoue.

En réalité, je ne me sentais pas légitime pour essayer des robes trop tôt. Peut être parce que je ne réalisais pas que j'allais me marier et que mon futur mari ne s'investissait pas vraiment dans les préparatifs à ce moment. Il pleuvait beaucoup ce jour là. J'étais accompagnée par ma grand-mère, ma maman et mes amies de longue date: Nathalie et Alexia. Je commence par montrer des photos des robes qui me plaisent. Puis, la vendeuse m'installe dans une cabine. Pas de champagne, mais un chauffage d'appoint pour me réchauffer les jambes. Je ne réalise pas que je suis ici. Un jour rêvé depuis toute petite! Je vais essayer des robes de mariée! J'ai hâte de voir à quoi je vais ressembler... J'essaie une première robe, je m'avance devant les miroirs et je monte sur le podium. Pas de réaction de la part de mes proches. Elles me regardent, ne disent rien et analysent. Je suis déçue. Je me trouve énorme. Cette robe révèle tous mes défauts et fait ressortir tous mes complexes : mes bras, mon ventre qui n'est pas assez plat à mon goût. Je ne suis pas à l'aise. J'essaie deux autres robes, même constat. Le rêve devient déception ... Toutes les robes que j'avais imaginées, ne sont pas faites pour moi. Quelques robes plus tard, la vendeuse glisse une robe différente et m'aide à l'enfiler; elle ne me dit rien. Je me laisse porter.

Je regarde timidement mon reflet dans le miroir dans la cabine, pour ne pas être déçue une nouvelle fois. Je ne me reconnais pas. Non pas, que je ne me trouve pas jolie, au contraire ... Je me trouve magnifique ! Le tissu blanc brille par sa couleur et sa matière satinée, le corset met en valeur ma taille. Je me sens belle! Sans artifice. Je ne suis pas maquillée, je suis coiffée simplement, mais le simple fait de porter cette robe, me rend belle. Je sors de la cabine, j'avance doucement le long de l'allée pour rejoindre mes proches. Je regarde le sol pour ne pas croiser leurs regards. Le choc! Elles pleurent et moi aussi.

Mêmes les vendeuses se mettent à pleurer. Je fonds en larmes. C'est tellement magique de ressentir autant d'émotions; juste avec un essayage de robe de mariée! Je ne m'attendais pas à vivre une telle expérience. Il y avait aussi ce fond musical du groupe Coldplay, que j'adore, qui ajoutait une touche de magie supplémentaire.

Après ces moments forts en émotions, je reprends mes esprits car je dois me rendre dans les boutiques suivantes. Je ne voulais pas rater une occasion. Peut être que la dernière robe était la bonne mais je voulais en avoir le cœur net en essayant d'autres modèles pour ne pas regretter mon choix. Je rentre dans la seconde boutique de ma liste, une boutique qui me faisait de l'œil depuis petite, mais la qualité de service n'était pas du tout la même. La vendeuse, derrière sa caisse nous demande de nous servir dans les rayons, on choisit cinq robes. On fait notre marché. Elle nous les apporte en cabine. Elle me les enfile. Je prends tout à la rigolade, il fait chaud, même trop chaud ! Chaque robe que j'essaie porte un défaut. La qualité n'est pas la même. J'ai l'impression de porter des robes bas de gamme mais avec des prix élevés. On ne reste pas longtemps dans cette boutique, une heure, tout au plus. C'était l'usine à robes. L'ambiance, le service, la qualité, rien ne me correspondait. Avec un peu d'avance, on décide d'aller dans la troisième et dernière boutique. La vendeuse est occupée avec une cliente. La décoration de la boutique est triste, beaucoup de gris sur les murs, seules les robes permettent de gagner en luminosité. Je sens une forte odeur de transpiration désagréable.

Même concept, je fais mon marché, je choisis quelques robes qui me plaisent et la vendeuse vient m'aider pour les enfiler. Elle ne m'apporte pas vraiment de conseil non plus. Je monte sur le podium, je me sens à l'étroit. Une jolie robe me plaisait, mais sur moi, le style était tout autre. Je me sens très mal à l'aise. Je veux vite me déshabiller, je fais demi-tour et je me prends les pieds dans le jupon. Je manque de tomber mais on me retient. La vendeuse se dépêche de me retirer la robe. Je sors un peu gênée. Elle comprend rapidement que j'ai déjà trouvé ma robe et que je ne l'achèterais pas dans sa boutique. Elle devient froide. On sent bien qu'il faut vite déguerpir! On s'empresse alors de sortir de cette dernière boutique pour aller rejoindre la première. Je respire.

La boutique est claire et sent bon le coton frais. L'ambiance compte dans ces moments là. J'ai trouvé MA robe ! Je la réessaie de nouveau. Le charme opère, on pleure encore et encore. C'est celle-ci la robe de ma vie. Il fallait compter cinq mois de délais pour recevoir la robe une fois commandée. Deux autres rendez-vous ont été positionnés : l'un pour les retouches avec les chaussures aux pieds et le second pour valider les ajustements « robe et accessoires » avant le jour J.

LEÇON N°2

Ne vous focalisez pas sur un style de robe particulier, laissez vous guider par les vendeuses, couturières. Une robe peut vous correspondre en fonction de critères variés : la coupe, votre morphologie, la qualité et la catégorie du tissu (pour ma part, j'adore la dentelle, mais sur moi ce n'était pas ce qui me mettait le plus en valeur).

Le choix d'une robe se détermine aussi en fonction de la saison de votre mariage, de votre budget et du souhait de conservation (ou non) une fois le mariage passé (une robe taillée sur-mesure risque de se revendre difficilement, et son prix sera diminué de moitié). Vous devez vous sentir à l'aise dans votre robe, à l'aise dans vos mouvements, dans votre corps. Si vous vous trouvez belle, alors elle est faite pour vous. Pensez aussi aux accessoires: le voile, la veste ou l'étole, les bijoux et les chaussures (elles déterminent la retouche du jupon). Ces accessoires peuvent être achetés d'occasion ou dans des boutiques autres que celles spécialisées dans le mariage pour optimiser les frais.

CHAPITRE 3 | MARIAGE À L'ÉGLISE EN TOUTE FRANCHISE

Nous avons fait le choix de nous marier à l'église (un mariage de confession catholique) car nous sommes croyants tous les deux. Même si nous n'allons pas à l'église tous les dimanches, nous voulions apporter une dimension symbolique et spirituelle à notre union. Nous avons tous les deux suivi une éducation religieuse étant enfants et nous continuons de grandir avec cette foi en Dieu qui nous est chère mais qui est tout à fait personnelle. Malgré tout, nous avons vite compris que de se marier à l'église n'était pas une mince affaire ni si facile que ça.

Il a fallu prouver notre sincérité avec conviction pour s'unir de cette façon. Nous avons commencé par contacter la paroisse de notre commune *(on ne peut pas se marier dans une église qui n'est pas celle de notre lieu de résidence, celui des parents ou commune de naissance).*

Nous avons été accueillis par une secrétaire qui nous a inscrits sur la liste des futurs mariés de la paroisse de notre ville. Ensuite, nous devions contacter le prêtre ou le diacre en mesure de pouvoir célébrer notre union et disponible à la date de mariage souhaitée. Comme nous avions assisté au baptême du petit neveu de Maxime, quelques mois auparavant, nous avons donc décidé d'engager le même prêtre par facilité. Maxime prend alors l'initiative de contacter le prêtre par téléphone. Il prend note de toutes les instructions sur un petit carnet. Nous allons avoir du travail, du travail de réflexion, et d'échanges! Initialement, je pensais avec naïveté que nous aurions quelques rendez-vous pour fixer les modalités d'organisation de la cérémonie religieuse; quelques semaines seulement avant le jour J.

Le prêtre nous a fortement conseillé de participer à des "dîners catholiques" organisés tous les mercredis soirs de 19h00 à 22h00. Ces réunions ont pour but de rassembler des croyants ou des athées pour partager un repas et un "topo" religieux. Le premier thème abordé: « Pourquoi Jésus est-il mort? » Etonnant et pas très motivant pour aborder l'amour et le mariage. A la fin du repas, nous étions divisés par groupes de parole pour échanger sur la mort de Jésus ou sur le Pardon, un peu comme si nous étions des *alcooliques anonymes*.

Différents profils étaient présents, des célibataires, un second couple de futurs mariés, des retraités, des veufs et des futurs baptisés. Nous étions surtout entourés de personnes qui nous paraissaient "perdues" en quête de réponses à des questions existentielles ou avec un vrai besoin de sociablité et communautaire. Ce type d'événement ne nous convient pas et nous sommes surtout très mal à l'aise. Le prêtre insiste sur l'importance de notre participation à l'ensemble des repas, sinon le projet de mariage religieux serait compromis. Devant le fait accompli, et ce chantage un peu délicat, il fallait se rendre à l'évidence. Nous n'avions pas le choix de participer aux réunions suivantes dans cette salle communale, tous les mercredis soirs cinq mois durant. Un invité un peu particulier a confirmé ce sentiment de mal-être, avec un style un peu négligé, il devait sûrement être malade ou sans abri. De passage dans la rue, il a vu de la lumière et il est rentré dans le bâtiment pour se joindre au repas. Installé juste derrière nous; il se moquait des sujets traités comme un enfant, il crachait par terre, prononçait des insultes. Il se levait brusquement, jouait

avec ses couverts et il partait courir et sauter dans les couloirs. Personne n'est intervenu pour lui faire comprendre qu'il devait gentiment quitter les lieux.
Une soirée mouvementée qui ne nous donne pas envie de continuer. Quel est le lien entre ces réunions et notre projet de mariage? Aucun sujet ne traitait de la question du mariage; ni même pendant les groupes de parole.

De grands moments de solitude et des « blancs » persistent. Interrogés sur les notions du Pardon, de l'amour pour Dieu, de la foi, etc, il était très difficile d'exposer à des inconnus nos pensées intimes et convictions personnelles. Nous étions contraints de discuter sur des sujets qui ne nous concernaient pas vraiment à cet instant. On ressortait de ces réunions avec le moral à zéro; le cerveau lourd. La préparation du mariage religieux commence difficilement pour nous; avec beaucoup de remises en question. J'ai donc décidé d'envoyer un message aux organisateurs pour leur faire comprendre notre désarroi et notre incompréhension face à cette situation. Nous ne comprenons pas la finalité de ces réunions et rencontres limite sectaires:

« Bonjour, nous ne sommes pas en mesure de venir au repas de mercredi prochain; Maxime et moi. Nous ne sommes pas à l'aise malgré toute votre bonne volonté et votre gentillesse. Je ne pense pas que nous sommes concernés par ces réunions. Nous avons pour projet de nous marier et les sujets abordés sont majoritairement tristes ou trop philosophiques pour nous. Nous sommes bien évidemment croyants et nous n'avons pas besoin de réviser les sujets de

notre foi religieuse. Nous sommes baptisés tous les deux, et nous avons tous les deux suivi des cours de catéchisme à l'école. Par ailleurs, en ce qui concerne vos invités, il serait peut être judicieux de vérifier les entrées et sorties dans la salle. L'un d'entre eux nous a fait très peur, nous n'étions pas du tout rassurés. Merci pour votre compréhension. Bien cordialement.»

Le prêtre me rappelle le lendemain sur ma pause de midi au travail pour me persuader de revenir à ces réunions catholiques en essayant de me faire comprendre tous les bienfaits pour notre mariage.

Après quelques tentatives de négociation; nous sommes astreints à participer à de nombreuses soirées, agréables ou très dérangeantes en fonction de la personnalité des participants et des sujets traités : lectures bibliques ; textes de réflexion religieuse, chants chrétiens, prières à haute voix, etc.

Le fondement de ce parcours : le prêtre et les paroissiens veulent s'assurer de la réelle démarche des fiancés qui souhaitent se marier à l'église; en pleine conscience. Le mariage religieux est, et demeure un engagement sérieux et réel dont les valeurs n'ont pas été toujours comprises par tous les fiancés, mariés. Messe ou célébration? Telle est la question. La dernière réunion du mois de janvier sonnait comme une délivrance. Nous avons enfin commencé les rendez-vous avec notre officiant de cérémonie. Le premier a eu lieu chez nous! Le prêtre s'invite pour dîner. Difficile pour moi de dire "non".

Le prêtre: « Vous me faites juste une petite soupe, un peu de fromage et ça ira! Ne vous prenez pas la tête. »

Il est arrivé en retard un jeudi soir. Pas de soupe mais des crêpes pour la Chandeleur. On prend l'apéro avec un petit verre de cidre accompagné de tomates cerises. Le prêtre sort son grand classeur et le dossier des futurs mariés. Le grand interrogatoire commence.

Maxime devait répondre à ma place et moi à la sienne, pour vérifier si on se connaissait bien mutuellement. Epreuve réussie partiellement sur les dates de baptême et le métier de nos parents. Puis, nous avons raconté chacun notre tour nos vies sentimentales avant notre rencontre. Difficile de se confier sur ce sujet… 23h00, l'heure des crêpes sucrées. On continue avec l'histoire de notre histoire. Le prêtre est très sérieux et particulièrement attentif au moindre détail. Il note tout! Selon lui, cette méthode l'aide à trouver les moments où Dieu est intervenu dans nos vies. C'était très intéressant … comme en séance de voyance. *Dieu est notre Cupidon. Il aurait incité Maxime à m'envoyer un message sur Tinder.* Cette idée laisse à réfléchir …

Ce temps d'échange avec le prêtre nous a semblé long mais pas si désagréable que ça. Je l'ai vécu au départ comme une entrée surprise dans notre intimité mais il y avait ce côté très spirituel, voire psychologique sur le fait de se livrer avec autant de sincérité. C'était fort, très fort en émotions. J'ai fini par pleurer. J'ai compris personnellement en me livrant que je passais un cap décisif dans ma vie, sûrement grâce à cette puissance divine. Du moins, j'ose y croire. Le prêtre a terminé ce rendez-vous par une prière avec une bougie sur notre table à manger et son petit cadre fétiche qui représente la Trinité ; le Père, le Fils et le Saint Esprit.

Il a remercié Jésus pour ce temps d'échange constructif et précieux selon lui. Il lui a demandé de bénir notre foyer et de nous guider vers le chemin du mariage avec sérénité, paix et amour. Puis, il est parti; avec le reste des crêpes emballées dans du papier alu; pour ses confrères de la paroisse; à 1h00 du matin.
Nous avons rencontré le prêtre plus de sept fois au total sans compter "la soirée crêpes" chez nous. Ces rendez-vous ont commencé deux mois avant le mariage, tous les vendredis soirs vers 20h00. On sortait souvent vers 23h00 épuisés. Nous avons abordé avec lui différents sujets sur le mariage; dans son bureau un peu en bazar avec cette grande bibliothèque, la collection de DVD sur l'histoire de Jésus, les grands titres de Jean Jacques Goldman et les aventures de Tintin. Il cherchait toujours ses stylos et ses briquets pour allumer la bougie pour le rituel de la prière de fin de rendez-vous.

Nous avons écouté sa conception de l'amour, la conception de l'amour selon Dieu. Nous avions beaucoup des devoirs à faire comme: réfléchir sur notre conception du verbe AIMER ou notre vision de la sexualité… Et oui on parle de ce sujet aussi. Aussi gênant qu'important soit-il.

Nous ne sommes pas tout à fait d'accord avec lui sur certains points… En effet, selon l'idéal catholique, il serait plus judicieux de suivre les courbes de température pour comprendre les cycles naturels de la femme. Il est conseillé de « *faire l'amour* » seulement lors des périodes de grande fertilité pour que « *le fruit de la communion des chairs et de l'amour puisse naître.* » Le prêtre nous recommandait l'abstinence quelques semaines avant le mariage. Pour nous, c'était presque le cas mais c'était surtout à cause de la fatigue engendrée par tous ces rendez-vous et la préparation du jour J. Il n'y a pas que la cérémonie religieuse qui compte... Il faut aussi penser à tout le reste des préparatifs. En parlant de cérémonie, nous avons vraiment commencé à se pencher sur le sujet quelques semaines avant le mariage. Selon le prêtre, il faut bien une année complète de préparation.

Selon nous, et en réalité, il faut seulement quinze jours pour préparer une cérémonie religieuse; du moins dans les faits.

Un mois avant le jour J, nous avons fait notre maximum pour être les plus avancés dans nos préparatifs; pour pouvoir nous libérer de la charge mentale et nous consacrer uniquement à l'organisation de la cérémonie à l'église. Le prêtre nous a donné un magazine spécifique pour la préparation de la cérémonie religieuse. Bien conçu et facile à comprendre, il regroupe tous les textes essentiels qu'il faut sélectionner en fonction de nos préférences. Nous devions rédiger certains textes comme le mot d'accueil des mariés (oublié au passage par le prêtre le Jour J, mais ce n'est qu'un détail), et la prière des époux. Il faut aussi écrire une lettre d'intention pour chaque fiancé à adresser au prêtre pour qu'il valide le dossier et le projet de mariage religieux.

LEÇON N°3

Pour préparer votre dossier pour le mariage religieux, il faut apporter: vos actes de naissance respectifs, vos pièces d'identité, une lettre d'intention* pour chaque fiancé.

Le prêtre remplit le dossier avec vous, ainsi vous devez connaître au préalable : dates et paroisses de vos baptêmes. Vous devez aussi rédiger de manière individuelle la lettre d'intention* en répondant à ces questions:

- Pourquoi vouloir se marier à l'église ?
- Quelle est votre conception de l'amour?
- Pourquoi voulez-vous célébrer votre union devant Dieu et avec Dieu?

MA LETTRE D'INTENTION
POUR LE MARIAGE À L'ÉGLISE

"C'est librement que je m'engage à devenir l'épouse de Maxime, le samedi premier avril deux mille vingt trois. Je fais le choix de vivre à ses côtés toute ma vie dans l'amour, la joie, et la bienveillance. Je m'engage à lui rester fidèle pour que notre relation soit basée sur la confiance et le respect. Je souhaite vivre dans le partage et la solidarité avec lui mais aussi avec nos familles et nos futurs enfants que je suis prête à accueillir. Le mariage religieux est très important pour moi et pour nous, car nous voulons accorder une place privilégiée à Dieu dans notre histoire si unique, belle et pure soit elle. Grâce à Dieu et avec Dieu, notre union sera plus forte et nous serons prêts à construire ensemble une vie heureuse favorisant le bien être de chacun..."

Le quatorze mars deux mille vingt trois. Ophélie

Le mois de mars 2023 était rythmé par des réunions religieuses supplémentaires. Ces temps d'échanges étaient obligatoires et spécifiques aux « fiancés futurs mariés ». Cinq journées au total, dont la dernière était prévue le dernier samedi avant la date du mariage. Nous avons donc rencontré nos collègues de mariage pour 2023. Ils ont tous esquivé le parcours des anonymes catholiques! *Tiens donc! Comme c'est bizarre …On s'est bien fait avoir!*

Ce n'est pas grave, avec un peu de chance notre cérémonie sera plus personnalisée … Du moins on ose l'espérer.

Nous avons été bien sages. Prêts à tout pour un si beau mariage quitte à passer nos mercredis soirs et nos dimanches de 10h à 16h00 en réunions de préparation au mariage religieux. Quand on parle de préparation, il ne s'agit pas de la vraie préparation. C'est une préparation spirituelle au mariage où différents thèmes sont abordés. Les mêmes thèmes évoqués avec le prêtre. Cela sonne comme du déjà vu … *Rebelote.*

« L'homme doit écouter le corps de sa femme attentivement, il doit suivre son cycle naturel pour optimiser les chances de procréer » et patati et patata.

La majorité des futurs mariés ont la quarantaine, ils sont déjà parents avec une dizaine d'années de vie commune à leur actif. Dans le cadre de ces journées nous avons rencontré des couples avec la même vision de la vie que nous et qui n'ont pas hésité à faire savoir ce qu'ils pensaient de certaines conceptions de la religion un peu datées selon eux.

On partageait de grands repas pique-nique où chacun devait apporter quelque chose à manger, mais surtout pas de chips ! Que du cuisiné, fait maison! Le dimanche matin, levés 8h00 pour préparer deux gros plats à gratin d'hachis parmentier. Tous contents de savoir qu'on allait faire un repas convivial avec des plats divers et variés. *(On aurait préféré rester bien au chaud chez nous à regarder des films, se reposer, ou profiter l'un et l'autre, passer du temps en famille, plutôt que d'aller encore perdre notre temps à ces évènements plus que gênants.)* Nous arrivons avec nos plats biens remplis, bien lourds à transporter et nous sommes accueillis avec un grand sourire :

« *Oh super des plats chauds, on a que des quiches et des salades de pâtes!* »

Nous avons donc préparé à manger pour quarante personnes sans le savoir. Initialement, nous étions censés apporter un plat principal pour notre groupe de six futurs mariés.

Monsieur le prêtre a adoré mon banana bread!

Avec du recul, toutes ces journées, ces repas, des rendez-vous privés avec le prêtre le soir enfermés dans son bureau sombre et austère; faisaient partie d'un parcours religieux pas tout à fait normal. Les groupes de parole avec les dîners du mercredi sont en réalité des regroupements communautaires qui ont pour but de rassembler des chrétiens isolés et n'ont rien à voir avec la préparation normale du mariage religieux.

Certains rendez-vous privés avec le prêtre étaient de trop également. Je nous revois un vendredi soir, crevés de notre journée de travail, 20h30 assis - affaissés dans le canapé jaune doré en face du prêtre dont la tête commençait à pencher en avant car il somnolait en nous racontant des histoires de couple – *dont celle d'une femme qui est allée acheter des jouets pour adultes à Grenoble pour faire plaisir à son homme et pimenter sa vie de couple et quand elle est rentrée monsieur était trop crevé car il lui a fait à manger et il ne s'est rien passé* - ou sur la vie de Jésus. Puis à 22h00 regain d'énergie, il se lève d'un coup et nous dit – On va faire un tour dans l'église, j'ai quelque chose à vous montrer- Il est tard, il fait froid, c'est la nuit noire et il insiste. Bon ok, on le suit, ça va nous réveiller et après on en profitera pour s'en aller.

Il sort la clé qui permet d'ouvrir la porte arrière de l'église, c'est un peu étrange de voir ça – je croyais que les églises étaient toujours ouvertes. Il allume quelques lumières petit à petit, on sent l'humidité à travers les murs épais. Puis on se place devant l'autel, on doit prier rapidement en même temps que lui. Il passe derrière l'autel et nous montre des sièges rustiques avec des assises rouge velours dont une au design un peu particulier – *Pour votre mariage, vous avez le choix entre la chaise classique ou cette chaise magnifique spéciale pour la prière, elle est parfaite pour poser ses genoux.* – Euhhh à vrai dire je n'avais jamais vu ça et je ne savais pas quoi répondre. Je crois que je lui ai sorti quelque chose du genre – *Mon père, non pas que je ne veuille pas prier correctement, ma robe de mariée est très volumineuse et ne sera pas du tout pratique pour me mettre dans cette position.*

Après ça, j'ai récolté des témoignages de jeunes mariés pour voir ce qu'ils en pensaient et surtout pour savoir si notre préparation au mariage religieux était normale ou atypique. Effectivement, ils n'ont pas été logés à la même enseigne que nous. Ils ont eu deux ou trois rendez-vous seulement avec le prêtre et quelques réunions de groupes avec tous les fiancés de l'année pour connaître le déroulé d'une cérémonie à l'église et les principes du mariage et de la vie conjuguale – quelques semaines seulement avant le mariage.

Ils n'ont jamais répondu à des questions aussi personnelles *sur la sexualité épanouie ou sur le comment du pourquoi faire l'amour en pleine conscience avec Dieu avec un petit signe de croix sur le front en sortant du lit le matin au réveil.*

LEÇON N°4

Libre à vous de participer aux réunions catholiques / chéritiennes en dehors du parcours prévu par la paroisse pour la préparation au mariage. Seuls les rendez-vous avec le prêtre (trois ou quatre pas plus – sinon il faut se poser des questions) et les temps d'échanges entre couples fiancés sont obligatoires (deux à trois journées). Profitez des réunions de couples lors de la préparation au mariage pour échanger sur l'avancée de vos préparatifs.

Commencez à vous renseigner sur le déroulé d'une cérémonie religieuse avant les rendez-vous avec le prêtre pour travailler vos livrets de messe et gagner du temps. Les textes que vous devez préparer et rédiger avec votre futur mari sont : le mot d'accueil et la prière des époux.

Ne vous sentez pas contraints de dévoiler toute votre vie personnelle et intime au prêtre ou aux membres de la paroisse. Se dévoiler est une décision très personnelle qui vous appartient. Enfin, si vous décidez de vous marier à l'église, vous devez être prêts à vous engager, être conscients que la préparation implique du temps et de l'investissement personnel.

En parallèle, il fallait aussi concevoir le livret de messe, car il n'est ni fourni par la paroisse, ni par le prêtre. Avant de l'imprimer, je devais montrer une maquette au prêtre lors des rendez-vous, le soir dans son bureau. Je pensais que cette mission serait vite concrétisée. Je me suis donc servie de modèles de livrets de cérémonie laïque disponibles sur *Canva* puis je l'ai complété avec nos textes, prières, consentements et autres psaumes grâce au magazine du mariage donné par le prêtre. Sans oublier les noms des personnes désignées pour les différentes lectures. Tout a été épluché par le prêtre dans le moindre détail: le sommaire, les emplacements de texte, les mots en gras, les enchaînements, les différentes parties, la typographie, etc. J'ai modifié ce *foutu* livret une dizaine de fois au total. Validé une semaine seulement avant le mariage.

Il fallait également donner les titres de nos musiques pour la cérémonie avec les paroles, qui devaient forcément avoir une signification et un lien avec Jésus et l'amour. Le prêtre nous a fortement recommandé de choisir des chants catholiques. Une tâche difficile à faire car les musiques ne sont pas faciles à trouver et elles ne sont pas au goût de tout le monde.

Nous-mêmes n'étions pas très favorables, car nous avons souhaité apporter une touche de fraîcheur et de gaieté à notre cérémonie. Une fois la validation du prêtre obtenue, je suis allée les faire imprimer en papeterie le dernier samedi avant le mariage.

Mais quel enfer ! Et quel budget ! J'étais donc missionnée pour faire imprimer les livrets de messe ainsi que les livrets de jeux pour la soirée de mariage. Je me rends dans une papeterie indépendante proche de chez moi. Je donne ma clé USB au vendeur, il regarde mes fichiers, il fait deux essais et me demande de confirmer pour lancer les impressions.

Je regarde rapidement les prix sur une affichette collée sur le comptoir, environ 0.48€ la page couleur imprimée. Je n'ai bien sûr pas eu de réelles informations sur les modalités d'impression ni de devis précis annoncé oralement. Perdue dans mes pensées et exténuée de ce travail de titan avec ses livrets qui m'ont donné du fil à retordre, à une semaine du jour j.

Je pensais en avoir pour une centaine d'euros environ. Après quelques minutes d'attente, et un coup de fil à mon futur mari qui m'annonce que son témoin avait acheté les mêmes chaussures que lui; mes livrets étaient fin prêts. Bien rangés dans un carton pesant une tonne et demi; le vendeur m'annonce le prix: *"450€ s'il vous plaît."*

Ophélie : « QUOI ????? Vous rigolez j'espère !!"

Le vendeur: "Non pas du tout. C'est ce que ça vaut. Vous réglez comment?"

Ophélie : "Vous pouvez m'expliquer ce qui justifie ce prix ? Je ne comprends pas."

Le vendeur: "C'est le prix de vos impressions, il y a beaucoup de pages. Je rajoute aussi la connexion internet avec la clé USB qui l'envoie à la machine. Il n'y a pas d'erreur."

Ophélie: "Ecoutez, je suis bien embêtée, j'avoue que je suis un peu choquée. Je ne m'attendais pas à un tel tarif. Si vous me l'aviez annoncé avant, je ne vous aurais jamais confirmé de lancer l'impression."

Le vendeur: "Les prix sont affichés devant vous."

Ophélie : "Oui mais je lis 0.48€ la page. C'est un rectoverso non? Il manque des informations claires sur vos affichettes."

Le vendeur: "Non une page c'est un recto. Un recto verso c'est deux pages."

Ophélie: "D'accord. Bref, vous ne m'avez pas fait de vrai devis oralement avant d'imprimer et maintenant je me retrouve coincée. Je n'ai pas les moyens de vous régler une telle somme! Mettez vous à ma place, 450€ c'est le prix d'un weekend à Marrakech!! Attendez un instant, j'appelle mon conjoint."

Après lui avoir demandé son avis, je raccroche et j'essaie de me sortir de ce pétrin toute seule...

Ophélie: "Même 300€ Monsieur, c'est trop. Je ne vois pas 36 solutions, c'est soit je pars sans rien, je vous laisse mes impressions et vous aurez perdu votre temps et votre argent ; soit je vous verse ce que je peux mais 300€ c'est impossible !*

Je ne les ai pas. Je peux vous verser 100€, c'est le prix que j'avais imaginé."

Le vendeur: "Je ne peux pas."

Ophélie: "Qu'est ce qu'on fait alors? Je me marie samedi prochain, tout coûte super cher. J'ai l'impression de me faire voler de tous les côtés juste par ce que je prononce le mot "Mariage". J'en peux plus. Je ne cherche pas à négocier, il est vrai que j'ai fais l'erreur de ne pas vous demander un devis clair et précis. En tant que vendeur vous ne me l'avez pas proposé non plus. N'importe qui aurait refusé de payer ces prix-là à part une entreprise."

Le vendeur: "Bon, je comprends, je vais vous faire le tout pour 140€. »

CHAPITRE 4 | LE BUDGET EN DÉTAILS

Le coût total de notre mariage s'élève à 26874.20€ pour 80 invités pour les cérémonies et le vin d'honneur compris et 60 invités conviés au dîner et à la soirée.

Sans oublier la participation financière pour la paroisse de 150€ et la quête. Une dépense parfois méconnue qui comprend le temps de préparation et la constitution des dossiers et livrets de famille.

Nous avons bénéficié du soutien financier de nos proches pour l'achat de nos tenues, et la participation aux frais d'hébergement et de repas. Cagnotte et cadeaux déduits, nous avons dépensé 18 908.20€ de notre poche au réel.

Une somme conséquente pour un petit mariage. La part la plus importante de ce budget concerne le lieu de réception et le repas de mariage; des catégories de dépenses dont les économies et les négociations sont difficilement envisageables. Pour éviter tout malentendu et histoires d'argent, nous avons décidé de répartir les dépenses en fonction du nombre d'invités. Il me paraissait normal de prendre à ma charge un peu plus du budget "consommations et hébergement", ma famille et mes amis étant plus nombreux. Pour trouver notre part respective, nous avons réalisé ces calculs:

Exemple pour Maxime :
37 invités sur 83 invités au total 37/83 x 100 = environ 44%
La part de Maxime s'élève à 44% Il a payé 44% des repas du mariage.

Pour le reste des dépenses que nous considérions communes au mariage (décorations, dj, salle, etc.) nous avons simplement coupé la poire en deux.

Nous avons réussi à économiser sur le budget "décoration" en achetant petit à petit des éléments de déco en brocante, vide grenier ou magasins spécialisés; au fil des mois. Nous étions ravis de notre décoration épurée, sobre et petit budget:

Quelques touches de blanc, doré et des couleurs pastelles comme le lilas ou l'orange abricot pour rappeler le printemps. Et le tour est joué! Nous avons également créé beaucoup de choses nousmêmes comme les bougies dans les tasses vintage chinées, les invitations sur Canva puis imprimés avec Vistaprint, le panneau de bienvenue sous forme d'affiche placée dans un grand cadre Ikea, etc.

NOS DEPENSES PAR CATEGORIES

- ✓ Location du lieu : 4200€
- ✓ Vin d'honneur, cocktail : 2024€
- ✓ Repas de mariage : 2475€
- ✓ Boissons : 2400€
- ✓ Desserts, pièce montée : 347€
- ✓ Brunch du dimanche : 1056€
- ✓ Hébergements : 1584€
- ✓ Décoration : 1918.20€
- ✓ Cadeaux invités : 338€
- ✓ Photographe : 1675€
- ✓ Alliances : 1575€
- ✓ Robe de mariée : 3000€
- ✓ Coiffure, maquillage, soins : 455€
- ✓ Costume du marié : 674€
- ✓ Fleuriste : 273€
- ✓ DJ : 1440€
- ✓ Saxophoniste : 1440€

CHAPITRE 5 | LA DÉCORATION AU MILLIMÈTRE PRÈS

La décoration des différents lieux de notre mariage était difficile à choisir ... Il fallait déterminer un thème coloré. Nous avons donc opté pour une décoration simple, minimaliste avec des couleurs de printemps pour la saison. Pour le domaine, la question de la décoration était délicate car nous ne pouvions pas installer notre déco le jour même, donc impossible d'avoir des petits bouquets de fleurs fraîches pour nos centres de table. Nous avons privilégié une solution plus écologique et originale : des couronnes de fleurs séchées posées dans des petits socles de marbre. Nous avons trouvé cette idée chez *Casa* en décembre. J'ai ensuite demandé à une amie créatrice de me réaliser les couronnes de fleurs sur mes socles achetés préalablement.

Une fois le mariage terminé, nous avons pu offrir les cerceaux fleuris aux femmes les plus proches de la famille pour qu'elles puissent les conserver en souvenir et s'en servir comme décoration murale. Pour l'église et la mairie, nous avons choisi quatre compositions florales, deux bouquets moyens et deux compositions de branchages de cerisier en bourgeons simples. Nous sommes allés à la rencontre d'une première fleuriste, celle qui a « pignon sur rue ». Elle était froide et sèche avec une ouverture d'esprit assez limitée. Elle n'écoutait pas vraiment ce qu'on lui demandait. Elle voulait nous proposer des décorations très ornementales, traditionnelles avec beaucoup de roses blanches et d'autres fleurs très onéreuses. Surtout pas de gypsophile!

Ce n'est pas assez chic selon elle, trop impersonnel et commun. Il fallait aussi, selon elle, décorer l'église à la hauteur de sa surface, et mettre des fleurs partout, pour ne pas paraître "ridicules".

Nous sommes partis de sa boutique sans devis clair et rédigé, sans bouquet de démonstration, sans rien. Avec seulement un goût amer et le sentiment d'être incompris, et d'être encore une fois de plus des vaches à lait avec un portemonnaie bien rempli. Nous avons reçu le fameux devis par mail rédigé à la main sans pièce jointe ni photos pour nous aider à nous projeter, plusieurs semaines après ce passage en magasin, environ 600€ de prestation et compositions florales mais sans savoir vraiment à quoi cela correspondait, aucune image d'inspiration, rien juste le prix point.

Nous avons décidé d'aller dans un magasin de fleurs - animalerie où nous sommes allés chercher de l'inspiration directement dans la serre... L'avantage c'est que nous avions les fleurs et les prix bien affichés à portée de main. J'ai eu le coup de cœur pour un petit bouquet de roses en boutons avec différents coloris lilas et rose poudré, et gypsophile blanc soit 15.99 € le bouquet ! C'est parfait! Nous lui avons demandé si elle pouvait nous créer un bouquet plus grand pour le poser sur la grande table de la mairie dans les mêmes tons mais avec quelques touches d'orange abricot. Elle nous a créé un magnifique bouquet témoin pour nous donner un aperçu. Nous avons commandé deux bouquets moyens pour la mairie, que nous avons récupérés et réutilisés pour l'autel de l'église. Ensuite nous avons demandé deux grands vases de branchages avec des fleurs en bourgeon pour l'autel de l'église également. Les branchages sont une alternative peu onéreuse et ils créent une belle hauteur! Le tout pour un devis divisé par trois !

J'ai aussi demandé à une amie créatrice de me créer des bracelets de fleurs séchées pour mes demoiselles d'honneur, un joli serre-tête pour ma nièce et les boutonnières pour Max et son papa.

J'ai moi-même créé les boutonnières de mes deux frères et de mon papa en achetant des fleurs séchées en magasin de déco. Puis j'ai coupé à la bonne longueur, j'ai entouré les mini bouquets avec du ruban couleur champagne puis j'ai intégré une épingle à nourrice dorée discrète, facile! Pour la cérémonie religieuse, il me restait des fleurs séchées que j'ai réutilisées pour créer mes bouts de bancs pour l'allée centrale de l'église. Sans oublier la laque pour figer les fleurs et éviter qu'elles ne se détériorent.

LEÇON N°5

Pour optimiser votre budget, définissez un budget de départ en fonction de vos moyens puis un budget maximum à ne surtout pas dépasser. Catégorisez les dépenses en fonction de vos priorités: robe de mariée neuve ou de location? Repas traiteur ou fait maison? Etc.

Le mariage ne doit pas être une source d'endettement. Si votre budget est très limité, diminuez le nombre d'invités, organisez le mariage chez vous ou chez un proche qui a un grand et joli jardin par exemple. Privilégiez la location de mobilier ou de décoration pour faire des économies et éviter de vous encombrer. La décoration de mariage est personnelle et personnalisée donc difficile à revendre même s'il existe des alternatives comme *Vinted, Le Bon Coin* ou les brocantes.

CHAPITRE 6 | LE COSTUME
À DEMI-MESURE

Maxime a commencé à s'inquiéter de l'achat de son costume à partir du mois de janvier, soit trois mois avant le jour J. Il s'est rendu dans une première boutique réputée de la région. Le premier rendez-vous a eu lieu avec ses parents. Il voulait aller dans d'autres boutiques pour comparer et confirmer son choix.

Avec sa sœur Camille, il a profité d'un après-midi pour faire sa sélection; d'abord un centre commercial type village de marques, puis il est retourné dans la première boutique spécialisée. Il trouve enfin son costume avec une couleur "originale". D'ailleurs, nous nous sommes amusés à nous faire deviner nos tenues. Il m'imaginait dans une robe dentelle princesse avec des manches. Je lui ai fait croire qu'il ne pouvait jamais imaginer ce à quoi j'allais ressembler. Il était persuadé que j'allais venir en tailleur. Il était presque dégoûté... J'ai tellement ri!

De mon côté, je l'imaginais en costume vert sapin, sauge ou bleu foncé. Cinq semaines après sa commande, il se rend dans la boutique et rien. Pas de costume. Ils l'ont vendu à un autre client. Seconde commande, ils reçoivent la mauvaise couleur. Troisième et dernière commande; à un mois et demi du mariage, le costume arrive mais trop petit. Selon le vendeur, il était plus facile de retoucher un pantalon trop petit plutôt qu'une veste trop grande. C'est pour cette raison, qu'ils ont commandé la taille inférieure pour l'ensemble du costume, la veste étant indissociable du pantalon.

Bizarre pour du sur-mesure non?

La veste lui allait comme un gant mais le pantalon trop petit devait bien sûr être retouché grâce aux coutures intérieures prévues à cet effet. La boutique missionne une couturière pour rattraper ou du moins agrandir le pantalon. Un carnage.

Lundi soir, dernière semaine de préparatifs, ses parents viennent à la maison pour vérifier la tenue de Maxime après retouches. Catastrophe. Ils restent de longues minutes à contempler Maxime de long, en large et en travers. Je reste dans la cuisine pour garder la surprise et ne rien voir. Mais j'entends!

"Mais c'est pas possible !?? Ils se foutent de toi ! Comment on peut laisser un futur marié dans cet état ? Tu es tout rapiécé. Pour le prix que ça coûte ! C'est une boutique de costumes sur-mesure M***E."

En effet, la couturière avait rajouté un triangle de tissu similaire, avec une couleur et texture différente à l'entre-jambe pour agrandir le pantalon. Je suis déboussolée. Et lui aussi. Je rêvais régulièrement de notre mariage et à chaque rêve, ce jour se transformait en cauchemar. Soit mes invités ne se rendaient pas à la bonne adresse pour la cérémonie, soit le traiteur n'avait pas prévu assez à manger, soit Maxime se cachait avec son témoin complètement bourrés dans les douches, ils riaient comme des enfants se moquant de moi.

Mes cauchemars étaient ils prémonitoires?

Les rêves de mariage catastrophes sont fréquents chez moi. Un seul m'a vraiment marquée: *par exemple on arrive à la mairie et aucun invité présent. Ils se sont trompés de mairie. Ensuite on se rend sur le lieu de réception, un joli buffet est installé dehors mais rien ne correspond à ce que j'ai demandé. C'est surtout des sandwichs jambon beurre triangles et un barbecue géant! Les invités se tâchaient en mangeant leur merguez et ribs avec les doigts faute d'assiette et de serviette suffisantes, ça dégoulinait de gras partout! Le marié disparaît, je pars à sa recherche et le retrouve bourré en train de rigoler comme un taré avec son témoin et un copain dans les toilettes, à croupi se tenant les genoux pour faire leurs plus beaux besoins. J'étais choquée, excédée et je me suis réveillée. Un cauchemar complètement absurde quoi.*

A cet instant, j'étais perplexe sur la tenue finale de mon futur mari. Maxime était prêt à aller acheter un autre costume en urgence dans une autre boutique. Finalement une autre couturière a pu s'occuper de lui *in extremis*. Elle s'est chargée d'appeler la boutique à sa place et leur à passer un savon! Elle disait qu'il était inadmissible de laisser un marié dans cet état à moins d'une semaine de son mariage. Qu'il était impossible d'arranger un pantalon trop petit à la base. Après coup, ils ont donné un pantalon plus grand déjà disponible en magasin.

La couturière a fini la retouche le vendredi pour le samedi. J'ai prié, croisé les doigts et espéré de toute mon âme que le costume soit sauvé et mon homme apaisé.

LA RÈGLE D'OR
DE LA COUTURIÈRE

"On peut toujours raccourcir un vêtement trop grand, mais on ne peut pas agrandir un vêtement trop petit."

CHAPITRE 7 | DES RENDEZ-VOUS BEAUTÉ DE TOUTE BEAUTÉ

Professeure d'arts appliqués dans une école d'esthétique et de coiffure à cette époque, j'ai tout de suite pensé à mes collègues pour ma mise en beauté. C'était plus simple pour moi et je savais que je pouvais leur faire confiance... Mais tout ne s'est pas passé comme je l'avais imaginé.

J'ai sollicité une de mes collègues, professeure d'esthétique qui m'a proposé de réaliser un essai maquillage au mois de février, un mois et demi avant le mariage. L'essai se passe très bien. J'aimais bien les teintes orangées dorées idéales pour mettre en valeur mes yeux bleus. Après une bonne heure de maquillage, me voilà fin prête. Je me regarde dans le miroir, je me trouve jolie mais je sens que quelque chose ne va pas. Je suis incapable de savoir quoi. Ma collègue me demande si je veux faire un autre essai et je lui dis que je ne vois pas l'intérêt, le maquillage semble me convenir.

Je ne veux pas faire "la difficile". J'étais sur mon lieu de travail, donc j'attendais avec impatience les impressions de mes collègues. L'heure du déjeuner sonne, je me rends au self pour les rejoindre. Je m'installe et aucune réaction de leur part. Je trouve ça bizarre. Je leur dit « Au fait les filles, je sors de mon essai maquillage, vous en pensez quoi? » Elles me disent: *«Ah bon? Ah ! C'est joli.»* Je sentais bien que ce n'était pas vraiment sincère. Je vais ensuite boire le café en salle de prof, toujours pas de réaction. Ma collègue qui m'a maquillée était présente mais elle n'a pas reçu de compliment non plus. Quelque chose ne tourne pas rond. Je demande l'avis d'une collègue proche avec qui je m'entends le mieux et qui est toujours très franche.

Elle me dit : « *Je vais être honnête avec toi, je trouve que ce maquillage fait poupée de cire, le teint est fade. Et le maquillage sur les yeux durcit ton regard.* »

Je suis un peu déçue, je n'ai pas eu le même ressenti; même si ce n'était pas l'effet « waouh » non plus. Le soir même, je rentre à la maison, je n'ai pas eu le temps de me démaquiller. Monsieur bricole sur l'évier de la salle de bain. Il a tout démonté c'est le chantier!

Je le vois s'afférer en train de faire des découpes, il avait retiré tout le bac d'évier avec la robinetterie, il restait juste un trou béant dans mon meuble. Il s'énervait car il n'avait pas obtenu les bonnes mesures pour remplacer le bac d'évier. Autant vous dire qu'il esquivait les préparatifs du mariage, même à quelques semaines du jour J. Je lui pose la question sur mon maquillage et il me répond:

« *Ce n'est pas toi ce maquillage, je ne te reconnais pas. Je n'aime pas.* »

J'envoie un message à ma collègue, je suis un peu gênée. Je lui demande si on peut envisager un autre essai en précisant que le maquillage me plaisait mais que ce n'était pas le cas pour mes proches. Pour ne pas l'embêter, je lui ai proposé de ne pas retravailler le teint, juste le travail des yeux. Elle essaie de trouver une date. Puis après quelques échanges, plus rien.

Quelques heures plus tard, je reçois une photo d'une carte de visite. Elle me dit:

« Je t'envoie les coordonnées d'une amie à moi, je te laisse la contacter, tu verras elle est très bien. »

Alors là, je ne comprends plus rien. Elle était enchantée de me maquiller et motivée pour cette mission. Peut être qu'elle a été vexée car elle n'a pas eu de retour positif. Je ne sais pas ce qui s'est passé. Le dernier message que j'ai reçu de sa part indiquait qu'elle ne se sentait pas capable. Retour à la case départ pour trouver une maquilleuse sérieuse et disponible. Fort heureusement, une autre collègue m'a proposé ses services pour la coiffure et le maquillage.

Quel soulagement. Conciliante et bienveillante, les différents essais se sont bien passés, nous sommes fin février. On a fait ça dans une salle de classe à l'école sur la pause de midi pour le maquillage et la coiffure le temps d'une après-midi chez moi. Je voulais garder les cheveux détachés avec une simple attache sur le dessus de la tête, une frange rideau et de belles boucles sur les longueurs. Je me suis toujours imaginée avec un beau chignon de mariée traditionnel mais je savais que monsieur me préférait les cheveux longs détachés.

Je voulais être certaine d'être belle à ses yeux. J'ai ensuite acheté des extensions de cheveux naturels blonds en boutique spécialisée pour avoir plus de masse sur les longueurs. Un investissement de 120€.

Pour cette fois ci, j'ai décidé de garder le secret pour mes essais coiffure maquillage et pour l'effet de surprise. J'ai aussi acheté deux petites pinces dorées pour l'attache avec des petites fleurs couleur ivoire et des pierres semi-précieuses.

Je voulais une coiffure de princesse moderne et épurée. *J'ai compris qu'il ne fallait pas que je ressemble à quelqu'un d'autre* ; c'est toute la difficulté d'une future mariée qui veut être parfaite et sophistiquée pour ce jour si spécial.

LEÇON N°6

Vous êtes belle à votre façon, ne cherchez pas la perfection. Ne cherchez pas à devenir quelqu'un d'autre juste pour votre mariage. Vous devez être à l'aise avec votre maquillage et votre coiffure. Les essais servent à confirmer ou modifier vos choix. Les professionnel(les) doivent être tout à fait capables d'accepter les remarques même si ils/elles doivent recommencer leurs prestations pour satisfaire au mieux les besoins de la future mariée.

Écoutez-vous avant d'écouter les autres. Faites-vous confiance. Avant de contacter des amies ou "connaissances", faites appel à des professionnel(les) avant tout. Ne mélangez pas les copines, du monde du travail et les projets personnels. Au risque d'être déçue dans vos relations amicales ou par la prestation.

Ne cherchez pas à trouver une maquilleuse coiffeuse "pas chère", la satisfaction d'une prestation passe aussi par le respect du travail du professionnel. Vous payez pour une qualité de service avant tout et pour du résultat !

CHAPITRE 8 | DERNIERS PRÉPARATIFS ET COURSE CONTRE LA MONTRE

Tout s'est joué le vendredi: la veille du mariage. Le stress est à son comble. Pour être plus efficaces, on se répartit les tâches mutuellement.

L E PROGRAMME DE MONSIEUR

- ✓ Récupérer le costume chez la couturière
- ✓ Appeler la mairie pour la logistique et l'installation de la décoration dans la salle des mariages
- ✓ Appeler le prêtre pour l'organisation du Jour J
- ✓ Récupérer les livrets de cérémonie reliés avec des rubans au préalable par sa maman
- ✓ Régler les derniers détails de la soirée avec le DJ
- ✓ Payer la fleuriste et voir les détails logistiques pour récupérer les fleurs et le bouquet samedi avant midi

LE PROGRAMME DE MADAME

- ✓ Soin du visage chez l'esthéticienne
- ✓ Manucure et dernière séance d'UV
- ✓ Courses pour le repas de midi

On se retrouve tous les deux pour enfin « se poser » et partager notre repas en amoureux de midi; les yeux rivés sur nos téléphones pour vérifier les changements météo en temps réel. On redoute la pluie et le vent.

Il faisait tellement beau avec des températures douces pour un mois de mars; ce serait dommage de ne pas en profiter pour notre grand jour. On prend conscience doucement qu'on sera mariés dans 24h00.

Je reçois un appel du gérant du domaine en début d'après-midi. Il m'affirme que le temps sera mauvais... Il veut que le vin d'honneur soit servi dans la salle de réception. Je ne suis pas d'accord avec lui. Je lui avais déjà notifié mon refus mais il a insisté. Je voulais séparer les espaces pour ne pas perdre les invités. Nous avions plus d'invités présents au vin d'honneur qu'au repas et soirée. Il me fait comprendre à sa manière que c'est la première fois qu'on l'emmerde comme ça. Il me dit même au téléphone que je suis une chieuse. *Exigeante peut être mais pas conne!* Mais quel manque de respect sérieux!

Je garde mon calme pour ne pas manquer d'exploser, d'être vulgaire et sans gêne à mon tour. Je lui propose de lui louer le chapiteau attenant, quitte à payer le prix fort, ce sera plus pratique pour mettre à l'abri mes invités; au lieu qu'ils se retrouvent tous serrés sous ces deux petits chapitreaux de fortune faisant office d'abris de jardin. Une petite véranda de 25m2 est aussi prévue pour accueillir une trentaine de convives, la table du cocktail et des petits fours.

J'espère que ça fera l'affaire, mais je ne suis pas rassurée. Il nous rappelle que nous devons nous présenter à partir de 18h00. Il y a erreur.

Le contrat stipulait une mise à disposition du lieu à partir de 17h00.

Une information précisée sur mes faireparts envoyés cinq mois à l'avance.

Pour ce qui est de la décoration, nous n'avons pas la possibilité de l'installer le matin du jour J, ce sera aujourd'hui.

Allez, on souffle. L'après-midi va être sportive.

Avant de nous rendre sur les différents lieux du mariage, je m'occupe d'embellir mes ongles avec un joli rose pâle transparent, une forme carrée et des paillettes discrètes. Ma tante et ma maman arrivent en milieu d'après-midi, vers 15h00 pour nous aider et continuer les opérations.

On file à la mairie pour apporter toute la décoration. Nous ne pouvons pas l'installer car un conseil municipal est prévu dans la salle des mariages le soir même. Ce sont les petites fées de la mairie qui installeront la décoration le lendemain. Ma maman est très émue en découvrant la salle. Elle s'y voit déjà. On se dirige ensuite sur le lieu de réception, il est 16h30.

A 19h00, nous devons être partis car le restaurant du domaine ouvre ses portes. Arrivés sur place; on déballe les cartons. On fait plusieurs voyages entre la voiture et la petite véranda où tout le matériel doit être transposé. Les équipes du lieu de réception étaient censées installer notre décoration à notre place ...encore une ligne du contrat qui n'a pas été respectée mais on commence à être habitués.

Le chef cuisinier vient me voir entre deux déballages. Il voit que nous sommes en détresse. Il nous rassure. Il va s'occuper de la décoration avec son équipe de serveurs. Il me demande un plan de table précis que j'ai rapidement dessiné sur une feuille quadrillée sur un coin de buffet. J'avais déjà réfléchi à ce fameux plan de table, mais prise dans le tourbillon de l'organisation; j'ai oublié ce détail.

Je suis sollicitée de tous les côtés, par le serveur qui ne sait pas quoi faire mais veut bien nous aider, ma maman qui veut poser les dragées des invités au bon endroit, ma tante qui décortique avec admiration toutes nos petites attentions. Maxime, déroule et dispose les guirlandes lumineuses, il veut absolument qu'une boule à facettes trône au plafond de la salle de réception alors il demande une échelle et gère l'installation.

Quelques aller-retours plus tard entre les voitures chargées à bloc et le restaurant; un arc-en-ciel sort du ciel et un rayon de soleil vient effleurer nos visages pour détendre cette atmosphère à la fois pesante et motivante. Une lueur d'espoir nous envahit. Nous repartons du domaine à 18h50 épuisés.

J'ai chaud aux joues, mal à la tête, mais le plus dur est fait.

On profite de notre dernière soirée avant de se marier avec les parents du futur marié, ma tante et ma maman au restaurant. On relâche tout doucement la pression et on va se coucher le coeur léger.

CHAPITRE 9 | AU CŒUR DU JOUR J SURPRISES ET COMPAGNIE

Réveillés à 7h30 par la musique préférée de maman *"Aussi Vivants"* de Julien Clerc, Maxime me lance un: *"C'est quoi ça? Il est bizarre le réveil de ta tante!"*

On ne réalisait pas vraiment ce qu'on allait vivre.

Nous étions juste « bien » blottis dans notre lit. Je ne voulais pas me lever, car au premier pied à terre, la journée allait passer à toute vitesse comme un éclair. En attendant, maman était une vraie pile électrique. Elle ne sait pas faite prier pour se réveiller. Déjà trois cafés, deux clopes et la musique à fond dans la maison. Elle chantait *"C'est le mariage! On se réveille !"*

Je me lève pour la retrouver et passer un petit moment privilégié mère-fille. On boit notre café, et on danse sur cette musique qu'elle aime tant. On pleure et on sourit. C'est aujourd'hui le plus beau jour de ma vie. 8h30, le marathon commence. La maquilleuse arrive à la maison. Elle commence à maquiller ma tante puis ma maman. La coiffeuse arrive à son tour. Je commence à stresser mais je me dis qu'il me reste encore du temps pour profiter du moment présent avant d'arriver à la mairie à 14h00. Le fiancé se lève, seul homme parmi toutes ses femmes qui s'affèrent à se faire belles. Il déjeune rapidement, enfile ses vêtements puis on s'accorde un moment à deux. Dernier moment avant de nous retrouver à la mairie. On s'isole dans une chambre, on danse pour s'entraîner pour la fameuse ouverture de bal. Une danse apprise en quelques jours grâce à des tutoriels trouvés sur Youtube. C'est lui qui a choisi notre chanson (reprise douce de "Living without You" de Sigala.

On danse, on se regarde, on se contemple en silence.

C'est tellement fort en émotions que les larmes finissent par couler. Je revois son regard attendrissant me regarder et me dire *"tout va bien se passer, c'est notre journée"*.

Il est ensuite parti pour se préparer chez ses parents et manger avec eux. Mamie et mes frères arrivent. Ils sont à l'heure. La maquilleuse et la coiffeuse continuent à sublimer les femmes de ma vie; pendant ce temps je file prendre ma douche. Je prends mon temps. Puis j'enfile un débardeur, et un pantalon large pour être à l'aise. Ma témoin Aurélia arrive toute belle et enjouée avec son joli perfecto orangé. Elle va pouvoir m'aider à préparer mes affaires: ma pochette et mon sac cabas avec mes affaires pour le week-end. La maquilleuse s'en va, la coiffeuse s'occupe de moi de A à Z, je passe en dernière, il est 10h30.

Maman disparait avec ma témoin et ma tante Claudine pour aller faire quelques courses pour le repas de midi. Je me retrouve seule avec la coiffeuse qui commence mon brushing et ma grand-mère un peu désemparée. lle s'assied et me demande ce qu'elle peut faire pour m'aider. J'oubliais! Ma robe de mariée, il faut la déballer et la défroisser, elle s'en occupe avec mon frère Aubin et ma belle-sœur.

Je vois le temps qui passe et je me sens impuissante. Je ne peux rien faire mais tout le monde me demande quoi faire. J'essaie de donner des directives comme je peux. Philippe mon autre petit frère arrive avec sa chérie, tous beaux, accompagnés de mon papa Serge. Ils récupèrent la décoration pour aller l'installer à l'église. Faute de préparation au baptême le même jour, nous étions contraints d'installer la décoration le jour même à partir de midi. J'ai dû déléguer, pas le choix.

Ils partent à l'église. J'espère que tout ira bien. En attendant, j'attends désespérément maman. Je la cherche, personne ne répond, personne ne sait où elle est. Allez, on souffle un bon coup, on tient le bon bout!

J'entame le maquillage. Je commence à douter. Perdue dans mes pensées, ma grand-mère et ma tante m'aident en cuisine et préparent un guacamole. Il me reste du yaourt grec (secret de recette) pour mélanger avec l'avocat écrasé. Manque de bol, c'était du yaourt grec sucré aromatisé au citron. Immangeable. Je me contenterai d'une Pom'Pote. Tant pis pour le guacamole.

Au même moment, Philippe mon frère, m'envoie un SMS *"Le prêtre est super exigent! Il veut tout contrôler! On fait de notre mieux pour la déco ..."*

Entre le guacamole raté et le prêtre qui fait des siennes sur l'installation de la décoration et la musique, qu'est ce qui pouvait m'arriver de pire ? La météo!

Après quelques éclaircies, vient la pluie. J'avais espoir qu'il ne pleuve pas. Les nuages seuls m'importaient peu. D'autres invités arrivent chez moi pour se préparer et manger un morceau avec le reste des courses de maman.

Elle refait surface! *"Mais t'étais où ?? Je te cherchais partout!!!"*

Même si je suis bien entourée, à ce moment-là, le seul pilier dont j'avais besoin, c'était ma maman. J'avais besoin d'elle. Elle met les bouchées doubles avec ma témoin et mon amie Nathalie, qui vient d'arriver, pour préparer mes dernières affaires.

Mon maquillage prend plus de temps que prévu ... Je perds patience alors je change d'avis! Ce sera un maquillage plus simple avec un teint de pêche. Juste un trait d'eye-liner, quelques paillettes dorées légères sur les paupières, et du mascara. Quelques pchhits de laque sur le balcon et je suis prête pour enfiler ma robe.

Il est 14h00. Je suis en retard pour la mairie. Je suis dans tous mes états. Je redoutais d'être en retard et *pour une fois ce n'était pas à cause de moi*. La coiffeuse se dépêche de retirer tout son matériel étalé sur la table à manger.

Maman et Nathalie m'aident à revêtir ma robe. Les attaches et la fermeture sont un peu difficiles. *Allez vite vite !!* Je sens que le jupon me gêne au niveau des pieds, il n'est pas assez remonté, tant pis. Je m'asperge de mes parfums préférés pour sentir bon toute la journée.

Je glisse quelques bricoles utiles dans ma pochette: un gloss, mon portable, une cigarette électronique discrète et ma carte d'identité. Allez c'est parti! Je rentre dans l'ascenseur avec ma robe immense.

Ma témoin m'attend dehors avec un joli parapluie bleu, je rentre difficilement dans la voiture de maman, décorée avec des rubans blancs satinés et les fleurs en papier crépon fait maison.

Voilà pourquoi maman était introuvable! Elle décorait la voiture! Quelle belle surprise!

14h15 on file à la mairie. Maman est tellement émue qu'elle ne sait plus lire les panneaux correctment. Je la guide comme un vrai moniteur d'auto école très autoritaire pire qu'un soldat de l'armée. On arrive sur la grande place pour se garer. Plus de place. Merde.

Ophélie: " Traverse le parking et tu te gares en double file sur la voie de bus."

Maman: "Mais ça va pas ?! Je n'ai pas le droit!"

Ophélie: "On s'en fout, je suis méga en retard ! Ah mais attends, la dame nous fait signe, tu peux rentrer dans la cour de la mairie."

Telle une princesse dans son carrosse, maman me dépose juste devant la salle des mariages. Je stresse, je respire et je souffle fort ... J'ai peur. Est-ce que je vais plaire à mon futur mari? Est-ce que la journée va bien se passer? Est-ce que tous les invités sont là? ... Un mélange de panique et d'émotions m'envahisent. Je sors de la voiture tremblante, je souris nerveusement.

Maman et Nathalie "arrangent" la robe, et je fais mon premier pas dans l'allée centrale de la mairie timidement au son de Coldplay "Everglow" *passé en boucle une dizaine de fois avant que je fasse mon entrée avec 25 minutes de retard!*

Et là, j'oublie tout.

Je regarde droit devant moi, je reste concentrée. Je sais qu'au moindre regard à gauche ou à droite, je vais m'effondrer et pleurer rien qu'en voyant tous nos proches présents émus, souriants, en train d'admirer ma jolie robe de mariée. Maxime m'attend le dos tourné avec son joli costume terra-cotta que je découvre avec surprise. Il ne se retourne pas. Il attend le dernier moment pour enfin me découvrir juste arrivée ses côtés. Je me place timidement à sa gauche, il tourne légèrement la tête et m'offre le plus beau des sourires; me tend mon bouquet de mariée avec les yeux émerveillés un peu déboussolé.

"Tu es magnifique ma chérie. Tu es superbe. Tellement belle."

La cérémonie civile commence. Elle ne dure pas longtemps; une vingtaine de minutes mais c'était particulièrement émouvant. L'adjointe du maire nous lit un petit texte préparé par nos soins pour raconter notre histoire d'amour et notre rencontre avant de prononcer des textes de loi à la chaîne. Puis, nous échangeons nos vœux, nos belles déclarations d'amour personnalisés chacun notre tour.

C'est Maxime qui commence. Je ne m'attendais pas à un si beau texte de sa part. Ses mots sans artifice étaient si purs, si beaux, mon plus beau cadeau.

LES VOEUX DE MAXIME

Ophélie,

Depuis des nuits, je cherche les mots qui pourraient exprimer tout ce que je ressens pour toi. J'essaye de capturer l'intensité de mes sentiments, mais aucun mot ne semble suffisant pour décrire à quel point ton sourire, tes gestes, et même ta simple présence donnent un sens à ma vie.

Aujourd'hui, je me tiens ici pour te promettre mon amour, un amour vrai et sincère, à travers l'engagement que je prends pour le reste de notre vie. Peu importe les épreuves que nous traverserons, je suis prêt à marcher à tes côtés, à affronter le monde avec toi. N'aie jamais de doute : mon amour pour toi restera inchangé.

Je veux que tu saches que je serai ton refuge, ton soutien, ton partenaire dans les joies comme dans les épreuves. Ensemble, main dans la main, nous construirons notre avenir.

Je suis là pour toi, pour nous, pour tout ce que notre amour deviendra. Car aujourd'hui, et à jamais, je peux le dire sans hésiter : tu es celle que j'aime et que j'aimerai toujours.

Je t'aime.

LES VOEUX D'OPHÉLIE

Mon cher Max,

Quelle joie immense de devenir ta femme aujourd'hui. Depuis que tu es entré dans ma vie, tu as illuminé chacune de mes journées, les rendant plus belles, plus riches, où tout a prit un sens. Grâce à toi, j'ai appris ce qui est essentiel : aimer pleinement, m'épanouir dans ce que je fais, et savourer la valeur inestimable de la famille. Tu as su voir en moi des choses que je ne parvenais pas à déceler. Tu as ouvert la porte de ton univers et m'as montré combien tu aimes donner, partager, et te réjouir des instants simples de la vie. Ton cœur généreux, ta bienveillance sans limite et ton attention envers les autres ne cessent de m'émerveiller.

Même si tu as cette fâcheuse habitude de vouloir mener mille projets à la fois, de changer de voiture régulièrement, de prolonger tes douches brûlantes, ou d'éviter de planifier nos vacances, tu restes, toi, mon pilier et mon plus grand bonheur. Je t'aime tel que tu es, entièrement et profondément, avec tes qualités et ces petites habitudes qui font partie de toi.

Je suis prête à affronter chaque étape de notre vie ensemble, dans les bons comme les moins bons moments. Et je rêve déjà du jour où nous deviendrons parents, car je sais que tu seras un père extraordinaire.

Je te promets de te soutenir, de te suivre, et de partager avec toi chaque aventure, chaque défi, chaque instant précieux que la vie nous offrira.

Je t'aime de tout mon cœur, aujourd'hui et pour toujours.

Je me retourne enfin vers mes proches et l'allée centrale. Je suis très émue de voir tout ce petit monde présent pour nous.

Nous sortons de la mairie applaudis, éclairés par ce rayon de soleil inespéré. Il est temps de faire quelques photos pour immortaliser cette lumière et ces précieux souvenirs. On tente d'escalader une petite colline en face de la mairie pour prendre de la hauteur et s'entourer de la nature comme décor. Mes talons s'enfoncent dans l'herbe fraîche, j'essaie de tenir ma robe pour ne pas la tâcher. Compliqué. Même avec les épaules dénudées, j'étais réchauffée.

Ensuite, direction l'église pour la cérémonie religieuse à 16h00. Tout va très vite. On monte dans la Sandero de maman, je me noie dans ma robe. Maxime tient mon bouquet. On meurt de soif! *Détail auquel je n'avais absolument pas pensé: prendre une bouteille d'eau.*

Heureusement que Nathalie a eu le temps de placer une petite bouteille en coup de vent dans mon sac de voyage avant de quitter l'appartement. On boit une gorgée et on continue cette journée! Tous les invités prennent place dans l'enceinte de l'église. Nous arrivons en dernier. Le prêtre est particulièrement directif pour nous placer dans le cortège, dans cet ordre bien précis :

- ✓ les témoins en premier
- ✓ Les frères et sœur des mariés
- ✓ Le marié au bras de sa maman
- ✓ La mariée au bras de son papa

Mon père un peu perdu, marche trop vite, je manque de tomber et de me prendre les pieds dans mon jupon. J'essaie de le freiner avec mon bras. Cette avancée dans l'église est majestueuse presque divine. Nous trouvons chacun notre place, je découvre avec émerveillement et reconnaissance le travail de décoration de mes frères; réalisé en trois temps trois mouvements à quelques heures de la célébration. Ils gèrent les musiques; cachés derrière l'autel; et nous sourient par moments avec quelques clins d'œil.

Je trouve le temps long. Nous devions commencer la cérémonie par la lecture de notre mot d'accueil, oublié par le prêtre, malgré les regards insistants de Maxime pour "le rappeler à l'ordre"...

Le prêtre, un peu âgé, mélange tout. Il met de côté notre livret. Son discours part dans tous les sens et la cérémonie prend un autre tournant. Il s'égare en racontant l'histoire de Moïse et de la Trinité. Je n'ai pas l'impression d'assister à mon mariage mais à une vraie messe. Il avait d'ailleurs insisté que le mariage n'était pas une messe mais une bénédiction. Je suis très déçue et Maxime aussi. Alors, on regarde dans le vide, dans nos pensées. Les lectures des textes et prières de nos proches nous réchauffent le cœur et apportent un peu de douceur et de gaieté à ses longs moments de solitude et à cette grande déception.

Viennent enfin les échanges de consentements et la bénédiction de nos alliances. Nous prenons le micro à tour de rôles pour prononcer nos vœux d'engagement puis le prêtre bénit nos alliances.

NOTRE MOT D'ACCUEIL
ZAPPÉ PAR MONSIEUR
LE CURÉ

Bonjour à tous, nous sommes heureux et très émus de vous voir tous réunis pour partager cette journée de célébration et de fête pour notre mariage. Il paraît que de se marier coûte cher, ou que ce n'est plus à la mode. Il paraît qu'un mariage fini souvent par un divorce. Alors pourquoi nous avons décidé de nous marier aujourd'hui? Pourquoi le mariage est si important pour nous?

Le mariage est un engagement que nous sommes tous les deux libres d'accepter ou non. Aujourd'hui nous avons décidé de nous dire OUI, un grand OUI. Oui pour notre amour car nous croyons en sa force. Oui pour notre complicité unique et sincère. Oui pour tous ses moments de partage à deux, en famille ou entre amis. Oui pour nos futurs enfants, fruits de notre bonheur. Oui pour toutes les épreuves que nous serons prêts à affronter à deux. Oui pour ces petites et grosses disputes qui arrivent de temps en temps mais signes de notre affection.

Nos quelques années de vie commune nous ont déjà engagés mutuellement. Nous nous sommes découverts, aimés, câlinés, espérés, manqués, adorés. A présent, nous souhaitons engager Dieu avec nous, pour nous, pour notre famille. Même s'il est déjà présent dans nos vies depuis que nous sommes petits, il devient aujourd'hui un vrai partenaire pour nous accompagner et nous guider pour que notre relation s'épanouisse de jour en jour et pour toujours.

Merci d'être avec nous et présents pour nous aujourd'hui.

Maxime et Ophélie

NOS ÉCHANGES DE CONSENTEMENTS | BÉNÉDICTION ET REMISE DES ALLIANCES

À TOUR DE RÔLE

Moi, Ophélie, je te reçois Maxime comme époux, et je te promets de te rester fidèle, dans le bonheur et dans les épreuves, dans la santé et dans la maladie, pour t'aimer tous les jours de ma vie.

Reçois cette alliance, signe de mon amour et de ma fidélité. Au nom du Père, du Fils et du Saint-Esprit.

NOTRE PRIÈRE DES ÉPOUX

Toi, notre ange gardien, notre Dieu; nous te remercions pour notre rencontre, pour notre amour précieux, ce trésor que tu nous offres. Tu nous a mené sur le chemin du bonheur et de la joie. Aujourd'hui, nous sommes liés par le mariage pour la vie. Aide nous à fortifier notre amour et à vivre dans la paix. Aide nous à affronter chaque épreuve avec sérénité, force et courage. Accorde nous ta protection. Prends soin de nos familles, amis, collègues et toutes les personnes qui nous entourent, que nous chérissons et qui nous aiment en retour. Nous partageons aussi nos tendres pensées à ceux qui nous ont quittés mais qui sont aussi les témoins privilégiés de notre heureux mariage. Vous êtes et vivez toujours dans nos coeurs. Tu nous a confié l'un à l'autre; donne nous d'accueillir nos futurs enfants, fruits de notre amour et de notre fidélité. Des enfants heureux et en bonne santé dans notre foyer bien aimé. Amen.

Nous signons ensuite les registres et nos livrets de famille. Nous sommes les derniers à sortir de l'église. Officiellement mari et femme ! Entre les pétales de rose, les bulles et les câlins de félicitations, nous sommes aux anges. Le vent se lève, le voile aussi. Le témoin et un ami de Maxime sont de corvée pour balayer les fleurs et confettis sur le parvis de l'église. Les invités rejoignent rapidement leurs voitures pour se rendre au domaine.

Il est 16h30. Arrivés sur place, la pluie nous tombe sur la tête. Je suis gelée. Chacun essaie à sa façon de me protéger avec les parapluies qui s'échangent de main en main. Nous attendons le reste des convives. Le vin d'honneur n'est pas prêt. Génial. Les invités essaient tant bien que mal de se serrer les uns contre les autres sous les tentes. On demande que le vin d'honneur soit rapidement servi pour ne pas faire attendre nos invités. Entre le brasero annulé et le mauvais temps, les festivités commencent sous les meilleurs auspices.

Je savoure enfin ma première coupe de champagne. J'ai la tête qui tourne. Pas le temps de manger. Nous sommes sollicités de tous les côtés. Ma robe traîne par terre et ramasse quelques flaques d'eau. Je cherche maman pour m'aider à remonter ma traîne pour être plus à l'aise dans mes mouvements et enfiler une paire de baskets. Nous devons nous éclipser le temps que nos invités profitent du cocktail. Nous cherchons une autre solution de décor pour nos photos de mariés. Le chef sort de ses cuisines et nous ouvre une chambre de l'hôtel fraîchement rénovée. Ma témoin m'apporte un doliprane pour faire passer ma migraine. A force de trouver des solutions de dernière minute, mon cerveau est en ébullition. Nous profitons de ce moment à deux, au calme avec notre photographe Anne-Claire. Une vraie pause méritée et apaisante. Elle est douce et bienveillante; et elle capture ces instants d'intimité en toute simplicité. Nous échangeons des regards complices et tendres. Quand la séance photo touche à sa fin, un homme en costume noir débarque dans l'entrée de l'hôtel avec un sac de sport. Il semble perdu mais pressé. Rien ne semble le déranger, il passe devant nous l'air de rien, devant l'objectif de la photographe : *"Elle est où ma chambre ?"*

La scène semble irréelle.

"Vous êtes qui? Qu'est ce que vous faites ici? Cet hôtel est réservé pour ma famille. Renseignez-vous à la réception."

Lui aussi est invité à un mariage, mais ne fait pas parti du nôtre. A cet instant, nous comprenons que nous serons deux mariages en même temps. Quelle merveilleuse nouvelle! Surtout quand on connaît le coût d'une *privatisation*. Est-ce que le gérant a bien compris cette signification? Il considère ça comme une option.

On retrouve nos invités à l'extérieur. On entame les photos de groupe à la chaîne avec nos jolis parapluies transparents. On profite de ces moments de partage pour rigoler et décompresser. Les photos de groupe prennent fin à la nuit tombée. Il est 20h00. J'ai faim, très faim. La migraine ne passe pas. Je reprends un cachet d'aspirine pour la soirée qui ne fait que commencer.

CHAPITRE 10 | LES TEMPS FORTS
DE LA SOIRÉE

AU MENU

Œuf parfait sur lit de saumon fumé et émulsion
de cresson

*

Suprême de poulet sauce crème, carottes et purée de
patates douces

*

Mousse de mozzarella, confiture de figues
et sorbet poire

*

Entremet en forme de coeur au chocolat blanc
et insert de framboise

*

Pièce montée de choux nougatine à la crème
et macarons

Notre soirée de mariage a filé à une vitesse incroyable, portée par les animations soigneusement préparées par nos proches. Nous avons fait notre entrée sous une haie d'honneur illuminée par des cierges magiques scintillants, un moment magique pour démarrer la fête. Ensuite, nous avons enchaîné avec une séance photo express avec chaque table : une musique rythmée, un timing chronométré, et des souvenirs mémorables immortalisés avec nos invités.

Puis, est venue une surprise émouvante : mon amie Nathalie nous a interprété *Fly Me to the Moon* de Frank Sinatra, accompagnée d'un saxophoniste – son unique prestation de la soirée, mais quel moment ! Nos mamans avaient aussi préparé un diaporama adorable, retraçant nos photos d'enfance accompagnées de petites anecdotes touchantes. Certes, le rétroprojecteur a montré quelques signes de faiblesse, mais après un peu de bricolage, tout le monde a pu profiter de ces souvenirs pleins de tendresse.

Entre le plat et le fromage, nous avons joué au célèbre jeu des révélations "Elle ou Lui", suivi de la ronde des rubans colorés pour le lancer de bouquet. La sœur de Maxime, qui n'a pas remporté le bouquet, était légèrement vexée, mais cela n'a pas entamé l'ambiance.

Le témoin de Maxime, Alexis, a lancé un jeu hilarant : "À qui appartiennent ces jambes ?" Le marié, les yeux bandés, devait reconnaître mes jambes parmi celles des invités. Pour pimenter le tout, un ami courageux avait enfilé des collants et exhibait ses mollets poilus.

Maxime a perdu en confondant mes jambes avec celles d'une amie – plus douces que les miennes malgré un rasage rapide la veille…

Nous avons ensuite ouvert le bal sur notre chanson préférée, juste avant de passer à la pièce montée. Petite déception : la pâtisserie ne correspondait pas du tout à ce que nous avions commandé. Nous détestons les choux, et la structure en plastique garnie de macarons n'était pas vraiment jolie visuellement. Mais qu'importe, tout le monde a rejoint la piste de danse ! Même si l'espace était un peu exigu, l'ambiance était survoltée et la soirée tout simplement inoubliable.

DERNIÈRES HOSTILITÉS

Il est 3h30 du matin, le DJ baisse le son. On négocie une dernière musique – *Ces soirées là* - Nous devions tous sortir de la salle de restaurant à 4h00 du matin heure tapante. *Pas cool.* On décide de continuer la soirée avec quelques digestifs sur la terrasse au son de la pluie, puisque nous devions faire le moins de bruit possible pour ne pas déranger les riverains. Nos voisins de mariage quant à eux, se sont donnés à cœur joie pour faire la fête jusqu'au bout de la nuit. Ils ont aussi profité de l'hôtel qui était réservé pour mes invités. Nos hébergements ont été inversés; dernière surprise! J'imaginais une chambre plus pratique pour mamie qui a traversé le parking de gravillons dans la pénombre pour rejoindre sa maison de pêcheurs, et monter une échelle de meunier pour aller se coucher avec sa soeur. Avec mon mari, nous décidons de rejoindre notre chambre romantique. Celle-ci nous a bien été réservée. Pas d'erreur. On profite de notre « pigeonnier princier » pour prendre un bain à 5h00 du matin avec le peu de savon qu'il reste au fond du doseur; et débriefer de cette folle journée. Les paupières sont lourdes, on monte se coucher en peignoir. Trop crevés pour une nuit de noces à honorer. Le réveil sonne à 9h00, il est temps d'aller profiter du brunch sous le chapiteau. Pour le prix qu'on a payé, il ne faut surtout pas qu'il nous passe sous le nez! Beaucoup de choix, tout est appétissant et bien présenté mais je n'ai pas très faim. Sûrement à cause de la gueule de bois et par manque de sommeil. La serveuse m'interpelle, nous devons absolument vider et rendre les chambres au plus vite à 11h00. Hors de question. Laissez-nous profiter et laisser tranquilles mes invités. *J'ai signé pour un brunch prévu jusqu'à 14h00.*

MORALITÉ

Le mariage est une belle et riche expérience de vie, une aventure humaine, avec son lot de rebondissements et des souvenirs uniques! Le fameux Jour J est une vraie célébration. Une fête d'amour, une bulle de bonheur partagée à deux et avec les convives. Peu importe les imprévus, cette journée sera belle quoi qu'il advienne. Les détails importent peu.

Si je devais conseiller la future mariée que j'étais; je lui dirais de moins en faire et d'être plus sereine. Atteindre la perfection et vouloir gâter tout le monde n'est pas la clé d'un mariage réussi. Il est préférable d'en faire moins, mais mieux. Prendre son temps pour faire des choix de raison et moins de cœur; ou de sur-consommation même si les émotions peuvent être parfois plus fortes. Vivez soudés, vivez raisonnés, vivez heureux, tout simplement.

Ophélie

REMERCIEMENTS

A toi mon mari Maxime, l'amour de ma vie, avec qui j'ai partagé des moments intenses, des fous rires, des doutes et parfois des remises en question. A toi qui sais toujours ce qui est mieux pour moi et pour nous. A toi qui m'a toujours soutenue même si mes projets peuvent parfois te sembler compliqués à suivre ou à comprendre. Je sais que tu seras là et toujours là pour moi quoi qu'il arrive. Je t'aime plus que tout.

A toi ma douce maman Valérie, ma plus grande confidente et admiratrice qui me suis dans tous mes projets et qui m'aide à garder une motivation sans faille. A toi qui a toujours cru en moi malgré mes peines. A toi qui m'a aidée à réaliser mon rêve d'écrire; après des heures de relecture et de correction. Je t'aime du plus profond de mon coeur.

A vous, nos témoins Aurélia et Alexis; à mes plus proches amies Nathalie, Louise, Alexia, aux amis de longues dates, à vous parents, grands-parents, parrains, marraines, collègues, frères et sœurs, belles sœurs, beau-frère, à monsieur le prêtre, aux gentilles dames de la mairie, au chef cuisinier, aux serveurs, à Anne-Claire la photographe, et à vous nos convives qui avez ébloui nos cœurs de bonheur.

QUELQUES PHOTOS
SOUVENIRS

AVANT LE MARIAGE

PRÉPARATIFS JOUR J

Crédit photo : Anne-Claire Sor

THÈME & DÉCORATION

Crédit photo : Anne-Claire Sorne

LA MAIRIE

SORTIE DE MAIRIE

Crédit photo : Anne-Claire Sorne

MARIAGE À L'ÉGLISE

Crédit photo : Anne-Claire Soi

SORTIE D'ÉGLISE

Crédit photo : Anne-Claire Sorne

VIN D'HONNEUR & PARAPLUIES

Crédit photo : Anne-Claire Sor

FESTIVITÉS

Crédit photo : Anne-Claire Sorne

LES BACKSTAGES